Male für jede Seite, die du bearbeitet hast,
einen Stern aus!

Viel Freude!

Dieses Sternchenheft gehört:

_____

Vorname

_____

Nachname

_____

Straße

_____

Hausnummer

_____

Ort/Stadt

Ich bin ☐ Jahre alt.

_____

Datum

… und so sehe ich aus!

	ja	nein
Ich habe eine Mutter.	☐	☐
Ich habe einen Vater.	☐	☐
Ich habe eine Schwester/Schwestern.	☐	☐
Ich habe einen Bruder/Brüder.	☐	☐
Ich habe eine Oma.	☐	☐
Ich habe einen Opa.	☐	☐
Ich habe ein Haustier.	☐	☐
Ich habe ein eigenes Zimmer.	☐	☐
Ich gehe alleine zur Schule.	☐	☐
Ich kann Rad fahren.	☐	☐
Ich kann schwimmen.	☐	☐
Ich kann Rollschuh fahren.	☐	☐

☐ Stelle dich auf ein Bein und zähle bis zehn!

☐ Falte die Hände!

☐ Zähle alle Mädchen in deiner Klasse!

☐ Zähle alle Jungen in deiner Klasse!

☐ Ziehe leicht an deinen Ohren!

☐ Wasche dir die Hände!

☐ Setze dich verkehrt herum auf den Stuhl!

☐ Radiere auf dem Tisch!

	ja	nein
Bist du ein Junge?	☐	☐
Bist du ein Mädchen?	☐	☐
Bist du heute fröhlich?	☐	☐
Hast du ein Fahrrad?	☐	☐
Hast du ein Auto?	☐	☐
Bist du sechs Jahre alt?	☐	☐
Gehst du noch in den Kindergarten?	☐	☐
Kannst du bis 100 zählen?	☐	☐
Kannst du lesen?	☐	☐
Kannst du die Uhr lesen?	☐	☐
Kannst du schon schwimmen?	☐	☐

In einer Vase stehen vier rote Blumen, eine gelbe
Blume und zwei blaue Blumen.

Neben der Katze steht eine Schüssel mit Milch
und eine Schüssel mit Futter.

In der Schultasche ist ein rotes Buch.

In der Schultasche ist ein grüner Anspitzer.

In der Schultasche ist ein gelber Bleistift.

In der Schultasche ist ein blaues Lineal.

In der Schultasche ist eine große Trinkflasche.

In der Schultasche ist eine bunte Frühstücksdose.

In der Schultasche ist dein Sternchenheft.

Wer gehört zusammen?

In einer Tierfamilie gehören Vater, Mutter und Kind zusammen.

| 1 | Hund | | 2 | Pferd | | 3 | Huhn | | 4 | Schaf |

Schreibe nun die passende Zahl!

☐ Stute   ☐ Hahn

☐ Rüde   ☐ Fohlen

☐ Küken   ☐ Mutterschaf

☐ Lamm   ☐ Hündin

☐ Schafbock   ☐ Henne

☐ Welpe   ☐ Hengst

Male die Tiere an!

☐ Die Amsel füttert die Jungen.

☐ Im Frühling baut die Amsel ihr Nest.

☐ Die Amsel brütet die Eier aus.

☐ Die Amsel legt ihre Eier in das Nest.

Male die Bilder an!

Rätsel

Was ist das?

Es ist rund.

Es kann hüpfen.

Es kann rollen.

Es kann fliegen.

Es kann springen.

Oft wird es getreten.

Oft wird es gefangen.

Es ist ein _____ .

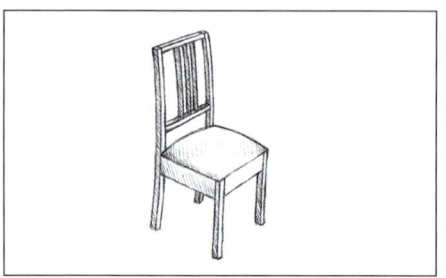

Auf dem Stuhl liegt
ein Bonbon.

Der Regenschirm hat
bunte Punkte.

In der grünen Tanne
ist ein Nest.

Auf dem roten Sofa
schläft eine Katze.

Im Topf sind Nudeln.

Der braune Igel frisst
einen Wurm.

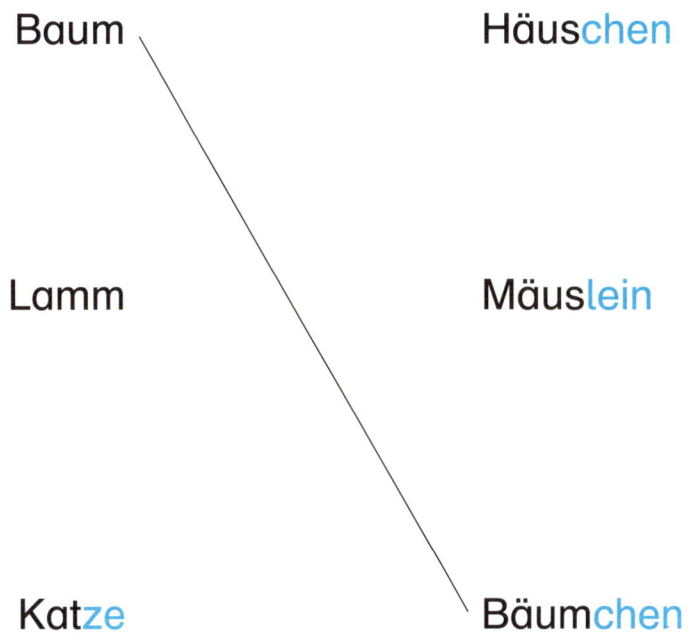

Baum	Häus*chen*
Lamm	Mäus*lein*
Kat*ze*	Bäum*chen*
Haus	Lämm*lein*
Maus	Kätz*chen*

☐ Der Baum ist groß.

☐ Der Baum ist größer.

☐ Der Baum ist am größten.

☐ Der Frosch ist klein.

☐ Der Frosch ist kleiner.

☐ Der Frosch ist am kleinsten.

Die Woche hat sieben Tage:

Montag

Dienstag

Mittwoch

Donnerstag

Freitag

Samstag

Sonntag

Am Samstag und Sonntag ist Wochenende.

Wie viele Tage hat die Woche?

Was ist heute für ein Tag? _____

Male die Sonne und den Mond gelb an!

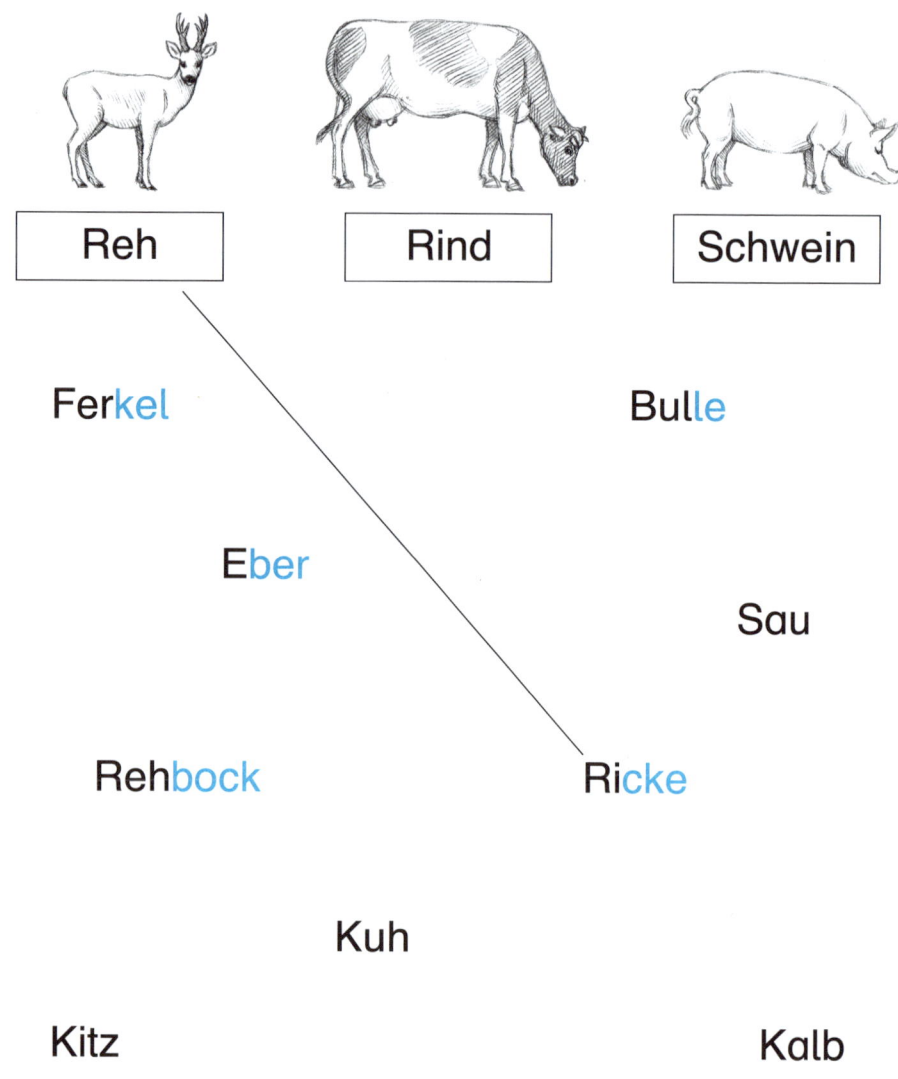

Reh

Rind

Schwein

Ferkel

Bulle

Eber

Sau

Rehbock

Ricke

Kuh

Kitz

Kalb

Male die Tiere an!

Tiere ihrer Familie zuordnen

© sternchenverlag GmbH

Be**nut**ze zum Ver**bin**den ein Li**ne**al!

6

Ma**le** da**zu**!

☐ Die Kir**che** hat zwei Fens**ter** und ei**ne** Tür.

☐ Die Kir**che** ist braun.

☐ Auf der Turm**spit**ze ist ein Kreuz.

☐ Ne**ben** der Kir**che** steht ein Baum.

Zeichne weiter ohne Lineal!

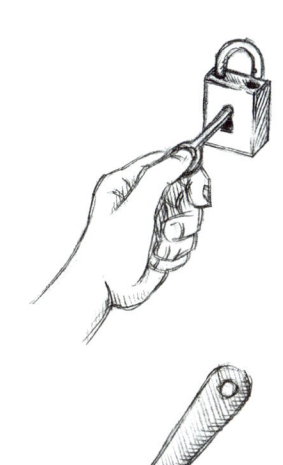

heiß

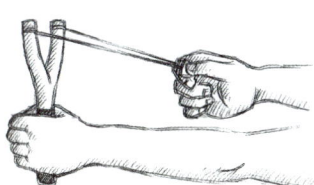

schie**ß**en

bei**ß**en

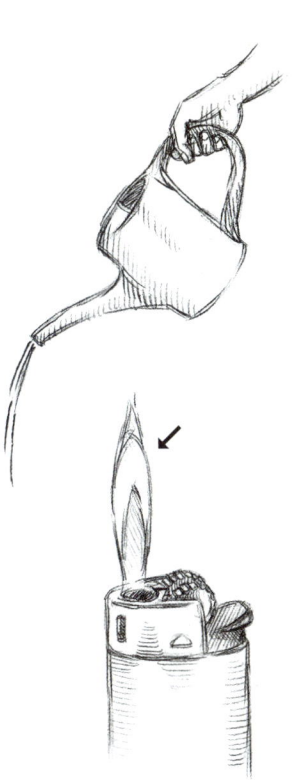

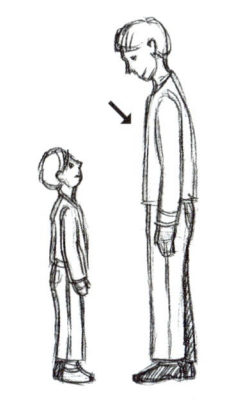

groß

gie**ß**en

schlie**ß**en

grü**ß**en

weiß

Auf dem Tablett liegt kostbarer Schmuck.
Eine Halskette mit Perlen, eine Armbanduhr,
zwei Ringe und ein roter, großer Edelstein.

Zwischen den beiden Ästen hat ein Kind ein
braunes Seil gespannt.
An dem Seil hängen acht Brezeln.

Einkaufszettel

Luise geht einkaufen. Sie möchte heute sehr
gesund essen. Deshalb kauft sie nur Obst ein.

Schreibe den Einkaufszettel für Luise!
Kreuze an, was sie heute kaufen möchte!

☐	eine Möhre	☐	einen Apfel
☐	eine Zitrone	☐	eine Birne
☐	eine Gurke	☐	eine Paprika
☐	eine Banane	☐	eine Tomate

Einkaufszettel

Am nächsten Tag geht Luise wieder einkaufen.
Diesmal möchte sie nur Gemüse kaufen.

Schreibe den Einkaufszettel für Luise!
Kreuze an, was sie heute kaufen möchte!

☐	Gummibären	☐	Steinpilze
☐	ein Bund Möhren	☐	zehn Lollis
☐	einen Blumenkohl	☐	zwei Gurken
☐	Erdbeeren	☐	Salzstangen

Was gehört zum Winter?

	ja	nein
Schneemann	☐	☐
Blumen auf der Wiese	☐	☐
Silvester feiern	☐	☐
Bunte Blätter	☐	☐
Drachen steigen lassen	☐	☐
Schlittschuh laufen	☐	☐
Weihnachten feiern	☐	☐
Im Freibad schwimmen	☐	☐
Schlitten fahren	☐	☐
In kurzer Hose laufen	☐	☐

Ein Jahr hat 12 Monate.

Der Januar ist der   1.   Monat.

Der Februar ist der ____ Monat.

Der März ist der ____ Monat.

Der April ist der ____ Monat.

Der Mai ist der ____ Monat.

Der Juni ist der ____ Monat.

Der Juli ist der ____ Monat.

Der August ist der ____ Monat.

Der September ist der ____ Monat.

Der Oktober ist der   10.   Monat.

Der November ist der   11.   Monat.

Der Dezember ist der   12.   Monat.

Ordinalzahlen schreiben

© sternchenverlag GmbH

Ein Jahr hat vier Jahreszeiten.

Kennst du das Lied?

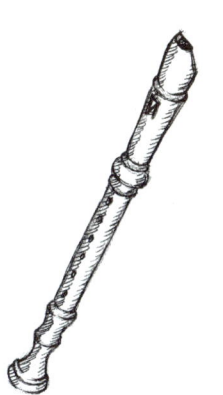

Es war eine Mutter,
die hatte vier Kinder,
den Frühling,
den Sommer,
den Herbst und
den Winter.
Der Frühling bringt Blumen,
der Sommer den Klee,
der Herbst, der bringt Trauben,
der Winter den Schnee.

Schreibe die vier Jahreszeiten auf!

_____

_____

_____

_____

Ist das gesund?

	ja	nein
Bananen	☐	☐
Kirschen	☐	☐
Lollis	☐	☐
Apfelsinen	☐	☐
Pizza	☐	☐
Salat	☐	☐
Bonbons	☐	☐
Kuchen	☐	☐
Pommes	☐	☐
Schokolade	☐	☐
Gurke	☐	☐

Rate mal! Schreibe die passende Zahl!

1   Du kannst sie herausstrecken.

2   Man kann damit etwas durchschneiden.

3   Damit kann man Feuer machen.

4   Im Sommer schlecken es viele Kinder.

5   Du kannst damit winken.

6   Du brauchst sie zum Kauen.

☐ Zunge   ☐ Hand

☐ Zähne   ☐ Schere

☐ Eis   ☐ Streichhölzer

Papageien sind grün.

Elefanten sind grau.

Schweine sind rosa.

Jedes Tier hat seine eigene Farbe.
Nur das Chamäleon nicht.
Es kann seine Farbe verändern.
Auf einem Ast ist es zum Beispiel braun.

Rei**me**!

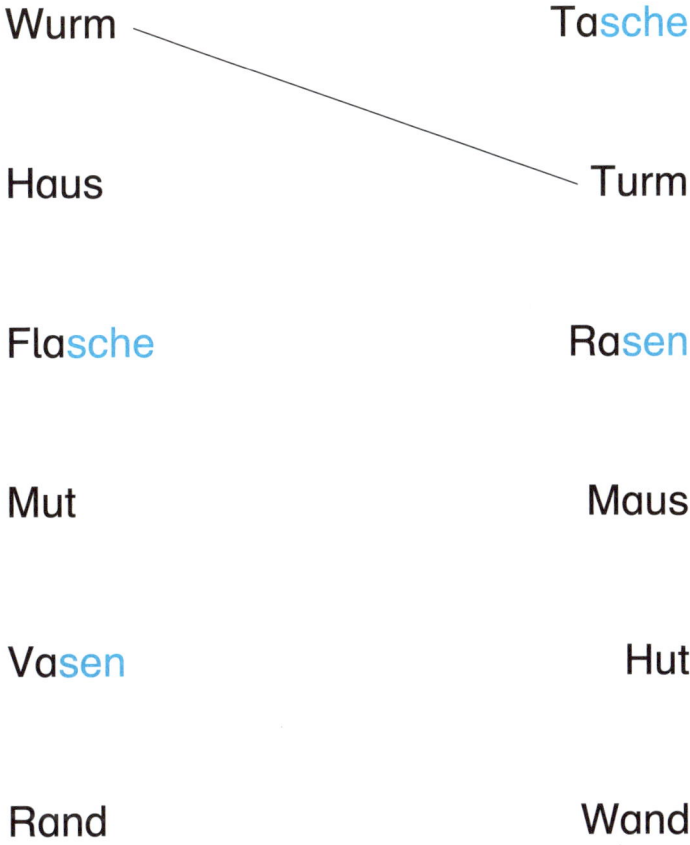

Wurm   Ta**sche**

Haus   Turm

Fla**sche**   Ra**sen**

Mut   Maus

Va**sen**   Hut

Rand   Wand

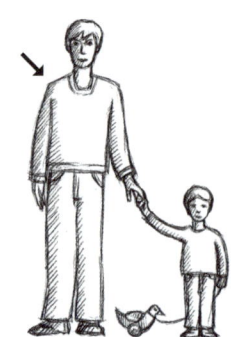

Vo**gel**

Va**ter**

Veil**chen**

Ver**kehr**

Ver**bots**schild

Ver**band**

Vieh

Voll**mond**

Vier

Ver**steck**

Wörter mit „V" im Anlaut (ausgesprochen wie „F") zuordnen

© sternchenverlag GmbH

Fin**de** die Mehr**zahl**!

Aus „au" wird „äu"

eine Maus   viele Träume

ein Haus   viele Zäune

eine Laus   viele Mäuse

ein Kraut   viele Säue

ein Traum   viele Häuser

ein Raum   viele Kräuter

ein Strauch   viele Läuse

ein Zaun   viele Sträucher

eine Sau   viele Räume

Augenbrauen

Bauchnabel

Daumen

Augen

Schulter

Hals

Kniescheibe

Wade

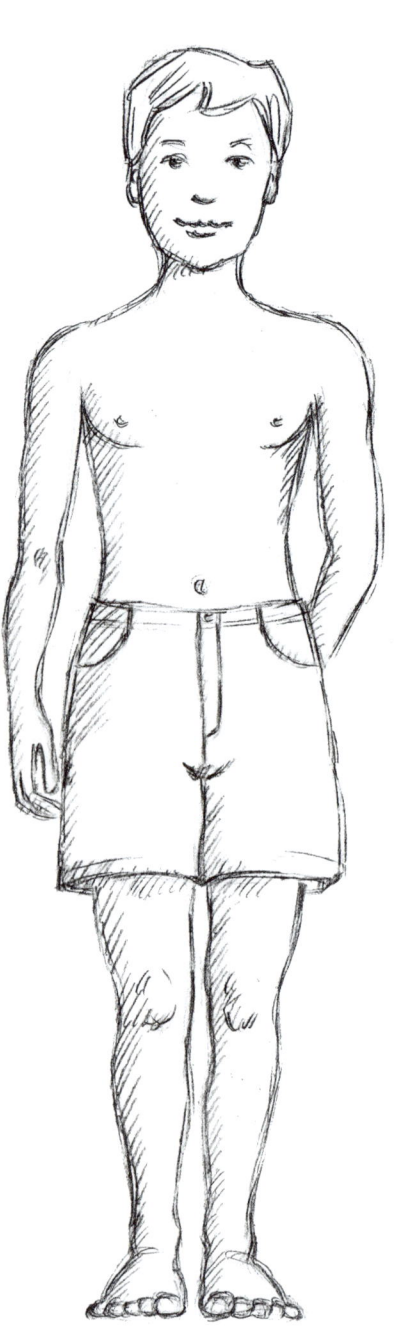

Körperteile/Begriffe zuordnen

© sternchenverlag GmbH

Vampir

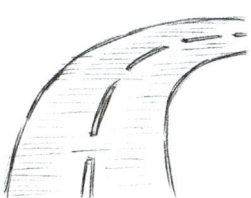

Kurve

Vase

Pullover

Violine

Klavier

Vulkan

Lokomotive

Las**se** und Lu**i**se sind im Gar**ten**. Sie spie**len**
Fe**der**ball. Lu**i**se trägt ei**ne** ro**te** Ho**se**.
Las**se** hat gel**be** Gum**mi**stie**fel** an.
Plötz**lich** kommt ei**ne** Els**ter** und stiehlt den
Fe**der**ball. Sie hält ihn im Schna**bel**.

Luise und Lotte gehen heute in den Zirkus.
Sie sehen ein großes rot-weiß gestreiftes Zelt
auf einer Wiese mit vielen bunten Blumen.
Auf dem Schild vor ihnen steht Eingang.
Sie freuen sich schon auf die Vorstellung.

Das ist der Dinosaurier Tyrannosaurus Rex.
Rex heißt König. Er war einer der größten
Fleisch fressenden Dinosaurier.
Er hatte viele scharfe Zähne. Welche Farbe er
hatte, weiß man nicht. Denke dir eine aus!
Dinosaurier lebten vor vielen Millionen Jahren.

Die Jahreszeiten

Im Frühling blüht der Baum rosa.

Im Sommer hat der Baum grüne Blätter.

Im Herbst sind die Blätter braun, rot, gelb und fallen herunter.

Im Winter ist der Baum kahl. Ein Vogelhaus hängt an einem Ast.

Schreibe die Antwort!

Auf dem Kopf tragen Damen einen _____.

Auf der Straße fahren _____.

Im Winter trägt man einen _____.

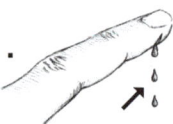

Aus einer Wunde kommt _____.

Auf einer Wiese grast ein _____.

Ich sitze auf einem _____.

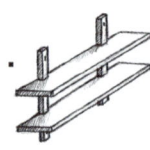

Viele Bücher stehen in einem _____.

Was deine Füße alles können:

☐ gehen

☐ rennen

☐ schleichen

☐ stampfen

☐ treten

☐ laufen

☐ hüpfen

☐ springen

Hast du alles angekreuzt?

☐ ja   ☐ nein

Lotte ist zu Hause. Sie sitzt am Tisch und liest
ein Buch. Vor ihr steht ein Glas Apfelsaft.
Über dem Tisch hängt eine Lampe. Auf dem Tisch
steht eine Vase mit vier roten Blumen. Vor dem
Tisch liegt ein blauer Teppich mit Fransen.

Schreibe die Antwort!

Auf dem See rudert man mit einem _____ .

In der Nacht scheint der _____ .

Ich küsse mit meinem _____ .

Im Sommer trage ich eine kurze _____ .

Ich rieche mit meiner _____ .

Eine Blume mit Dornen heißt _____ .

Das größte Säugetier ist der _____ .

Was deine Augen alles können:

 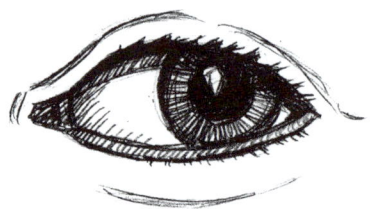

☐ sehen   ☐ gucken

☐ starren   ☐ schauen

☐ blinzeln   ☐ schielen

☐ zwinkern   ☐ glotzen

Hast du alles angekreuzt?

☐ ja   ☐ nein

Es ist Winter. Luise und Lasse bauen einen
Schneemann. Luise setzt dem Schneemann einen
schwarzen Hut auf. Lasse drückt eine Mohrrübe
als Nase in sein Gesicht. Dann bekommt er noch
vier schwarze Knöpfe auf seinen Bauch gedrückt.
Lasse holt einen Besen und lehnt ihn an den
Schneemann. Luise bringt noch Steine für die
Augen und den Mund. Nun ist der
Schneemann fertig.

Endlich ist es Sommer.
Luise, Lotte und Lasse fahren ins Freibad. Luise kauft sich ein Eis mit drei Kugeln. Das Vanilleeis ist gelb. Die Schokoladenkugel ist braun und das Erdbeereis ist rot.

Sinnentnehmendes Lesen und Malen © sternchenverlag GmbH

Was macht dir Spaß?

	ja	nein
Auf der Wiese Fußball spielen	☐	☐
Mit Freunden Fahrrad fahren	☐	☐
Mit Kindern zur Musik tanzen	☐	☐
Hunde streicheln	☐	☐
Dein Zimmer aufräumen	☐	☐
Geburtstag feiern	☐	☐
Ins Kino gehen	☐	☐
Auf einem Pferd reiten	☐	☐
Hausaufgaben machen	☐	☐

Das ist das Gebiss eines Kindes.

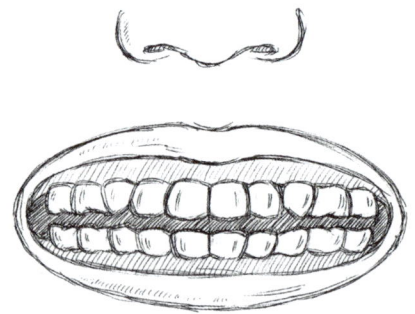

Zähle die Zähne!

Es sind 20 Zähne.

Die Zähne eines Kindes nennt man Milchzähne.
Sie fallen im Kindesalter aus. Dann bekommt ein
Kind bleibende Zähne.

Hast du schon einen Zahn verloren?

☐ ja   ☐ nein

Wenn ja, wie viele hast du schon verloren? _____

Dies ist das Gebiss eines Erwachsenen.

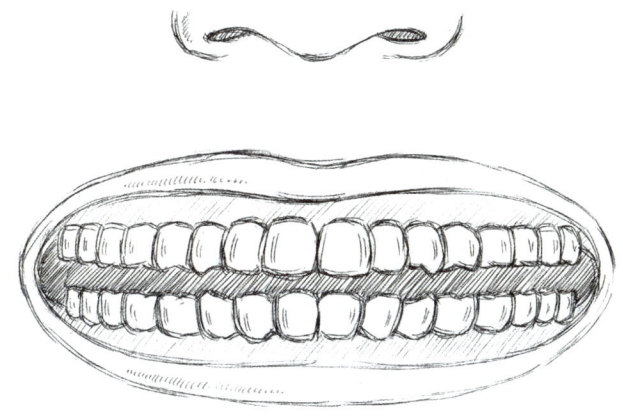

Zähle auch hier die Zähne!

Ein Erwachsener hat 32 Zähne.

Wenn man die Zähne gut und regelmäßig putzt, halten sie sehr lange und sehen schön aus.

Welche Farbe hat deine Zahnbürste?
Male sie an!

Ja oder nein?

Die legt Eier.   Nein .

Die Katze hat vier Pfoten.   J .

Der Puma kann gut fliegen.   ___ .

Der klettert auf Bäume.   ___ .

Die Giraffe hat lange Beine.   ___ .

Krokodile leben an Land und im Wasser.   ___ .

Schmetterlinge fliegen im Winter.   ___ .

Eine Schlange hat tausend Beine.   ___ .

Der ist so groß wie eine Maus.   ___ .

Der Pfau kann ein Rad schlagen.   ___ .

Der Adler ist ein großer Vogel.   ___ .